Selbst im Zeitalter des elektrischen Lichts nutzen wir viele Gelegenheiten, Kerzen zu entzünden. Sie signalisieren Fest, Atmosphäre, Leben. Und auch von einer schön gedeckten Tafel sind Kerzen nicht wegzudenken.

Wie in fast allen Kulturen ist auch im Christentum das Licht das zentrale Symbol für das Leben. Ohne Licht gibt es kein Leben.

Jedes kirchliche Fest – beginnend mit der Taufe – wird von einer persönlichen Kerze, die am Osterlicht entzündet wird, begleitet. Diese kirchlichen Feste stehen heute oft unter einem bestimmten Symbol und zu der Vorbereitung auf das Fest gehört auch die Gestaltung einer individuellen Kerze. Passend zu vielen Anlässen haben wir für Sie Kerzen entworfen. Die meisten Motive können Sie vielseitig verwenden.

Viel Freude beim Verzieren der Kerzen wünschen Ihnen

Annette Stümpel   Natalie Kunkel

Willkommen im Leben
kleiner Erdenbürger

MOTIVHÖHE
ca. 20-24 cm

MATERIAL
KINDERWAGEN
* Kerze in Weiß, ø 6 cm, 22 cm hoch
* Verzierwachsplatten in Pink, Hellgrün, Blau, Hellblau, Perlmuttpink und Perlmuttrosa
* runde Wachszierstreifen in Silber, 1 mm breit
* 5 Strasssteine in Blau, ø 3 mm
* Motivlocher: Herz, 1 cm hoch
* Motivlocher: Füße, 1 cm hoch
* Klebebuchstaben in Silber, 1 cm hoch

WÄSCHELEINE
* rechteckige Kerze in Weiß, 8,5 cm breit, 20 cm hoch
* Verzierwachsplatten in Hellgrün, Flieder, Creme, Goldgelb und Fuchsia
* runde Wachszierstreifen in Silber, 1 mm und 2 mm breit

GRÜNES KREUZ MIT TAUBE
* Ovalkerze in Weiß, ø 6,5 cm, 24 cm hoch
* Verzierwachsplatten in Grün gestreift, Weiß, Türkis und Rosa
* runde Wachszierstreifen in Blau, 2 mm breit
* 2 Strasssteine in Pink und Blau, ø 3 mm

VORLAGE
Bogen 1A

Kinderwagen

1 Jeweils ein Rechteck in Pink und in Blau sowie ein Quadrat in Hellgrün ausschneiden und auf der Kerze wie abgebildet positionieren.

2 Die Wagenteile fertigen und auf dem grünen Quadrat aneinanderfügen. Zuletzt setzen Sie die Räder auf, legen die Konturen mit Silberstreifen und bringen die Strasssteine an.

3 Vier grüne Herzen ausstanzen, zu einem Kleeblatt zusammenfügen und auf dem pinkfarbenen Rechteck platzieren. Zum Schluss hellblaue Füße stanzen und auf die blaue Platte setzen, dann die Buchstaben aufkleben.

Wäscheleine

1 Für den Zaun 5,5 cm lange, 6 mm bis 1 cm breite Streifen gemäß Abbildung aus den verschiedenen Wachsplatten zuschneiden und aneinandersetzen. Mit Goldstreifen einige Stoßkanten verzieren und das Motiv umranden.

2 Mit den breiteren Zierstreifen legen Sie rechts und links die Stangen, für die Wäscheleine verwenden Sie den schmalen Streifen. Anschließend die Babywäsche und die Klammern fertigen und platzieren.

Grünes Kreuz mit Taube

1 Das Kreuz ausschneiden und anbringen. Danach fertigen Sie die weiße Taube und fixieren sie auf dem Kreuz.

2 Die Blümchen mithilfe einer Nadel ausschneiden und positionieren. Zwei 6 cm lange blaue Zierstreifen schneiden und wellenförmig gemäß Abbildung anlegen. Dann die Strasssteine anbringen

Hinweis: Die Taube steht symbolisch für den Heiligen Geist und die Wellen deuten die Taufe mit Wasser an.

GEBURT UND TAUFE

Wen bringt denn hier der Klapperstorch?
Kerzen für die Kleinsten

MOTIVHÖHE
ca. 14-25 cm

MATERIAL
STORCH
- Kerze in Weiß, ø 8 cm, 14 cm hoch
- Verzierwachsplatten in Weiß, Schwarz, Orange, Dunkelblau und Hellblau
- runde Wachszierstreifen in Gold, 2 mm breit
- Klebebuchstaben in Gold, 1 cm hoch

SONNENAUFGANG
- Kerze in Weiß, ø 6 cm, 25 cm hoch
- Verzierwachsplatten in Azurblau, Creme, Blau, Hellgelb, Gelb und Goldgelb
- runde Wachszierstreifen in Gold, 1 mm breit

TAUBE IN GOLD AUF ORANGE
- Kerze in Weiß, ø 8 cm, 20 cm hoch
- Verzierwachsplatten in Orange und Creme
- runde Wachszierstreifen in Gold, 2 mm breit
- Motivlocher: Blume, ø 1,5 cm
- 3 Strasssteine in Orange und Transparent, ø 3 mm

VORLAGE
Bogen 1A

Storch

1 Die hellblaue Platte als Hintergrund auf der Kerze fixieren. Anschließend die Wolken und den Storchenkörper aufsetzen. Danach ergänzen Sie Flügel, Kamm, Augen Schnabel und Beine.

2 Mit Zierstreifen gemäß Vorlage die Aufhängevorrichtung für das Bündel fertigen, dann das Bündel ansetzen. Nach Belieben können Sie Schriftzüge ergänzen.

Sonnenaufgang

1 Einen 7 cm breiten Streifen in Azurblau zuschneiden und gemäß Abbildung um die Kerze legen. Darauf die blauen Wellen platzieren.

2 Für die Sonne schneiden Sie aus den entsprechenden Wachsplatten verschieden große Kreise und platzieren diese dem Foto entsprechend aufeinander auf der Kerze.

3 Die Taube in Creme fertigen und positionieren. Die Konturen jeweils mit Zierstreifen einfassen.

Taube in Gold auf Orange

1 Die Hintergrundplatte in Orange ausschneiden, die Konturen der Taube übertragen und auf der Kerze fixieren. Mit Zierstreifen die Taube legen und den Zweig fertigen.

2 Den cremefarbenen Streifen ansetzen und darauf die ausgestanzten Blüten platzieren. Die Blütenmitten mit Strasssteinen verzieren. Die Oberkante, Unterkante und Stoßkante mit Goldstreifen betonen.

GEBURT UND TAUFE

Für Taufe und Kommunion
schöne Symbole

MOTIVHÖHE
ca. 20-25 cm

MATERIAL
ARCHE NOAH
* Kerze in Weiß, ø 6 cm, 25 cm hoch
* Verzierwachsplatten in Rot, Gelb, Grün, Hellblau, Mittelblau, Braun und Creme
* runde Wachszierstreifen in Gold, 1 mm und 2 mm breit

WAL
* Kerze in Weiß, ø 6 cm, 20 cm hoch
* Verzierwachsplatten in Hellblau, Mittelblau, Grau und Goldgelb
* 1 Packung runde Wachszierstreifen „Regenbogen", 2 mm breit
* runde Wachszierstreifen in Silber, 2 mm breit

„DER GUTE HIRTE"
* Kerze in Weiß, ø 6 cm, 25 cm hoch
* Verzierwachsplatten in Hellgrün, Dunkelgrün, Creme, Braun, Grau und Haut
* 1 Packung runde Wachszierstreifen „Regenbogen", 2 mm breit
* runde Wachszierstreifen in Gold, 2 mm breit
* flache Wachszierstreifen in Dunkelgrün, 1 mm breit
* Lackmalstift in Schwarz und Rot

VORLAGE
Bogen 1A

Arche Noah

1 Die Teile für die Arche ausschneiden, auf der Kerze positionieren, gemäß Abbildung die Konturen legen und das Motiv mit Goldstreifen umranden.

2 Fertigen Sie hellblaue und blaue Wellen und platzieren Sie diese auf der Kerze. Die cremefarbene Taube anbringen und mit einem schmalen Zierstreifen einfassen. Den Zweig legen und die Blätter aufsetzen. Die Regenbogenteile nach der Vorlage aus den entsprechenden Wachsplatten fertigen und auf der Kerze aneinandersetzen.

Hinweis: Der Regenbogen ist ein Zeichen der Freundschaft zwischen Gott und den Menschen.

Wal

1 Das hellblaue Oval ausschneiden und positionieren. Die Rundstreifen für den Regenbogen nach der Abbildung im Halbbogen aufsetzten. Die den Motivrand überragenden Enden schneiden Sie ab.

2 Den Wal ausschneiden und den Konturenverlauf mithilfe von Wachsschreibfolie und Transparentpapier übertragen. Die blauen Wellen und den Sonnenkörper fertigen und wie abgebildet platzieren. Den Wal positionieren, mit den schmalen Silberstreifen die Konturen legen und das Motiv umranden.

3 Den Sonnenkörper umranden und spiralförmig einen „Lebensweg" anlegen. Danach schneiden Sie nach der Vorlage die Sonnenstrahlen zu und setzen diese auf. Zum Schluss mit den breiten Zierstreifen das Gesamtmotiv einrahmen.

„Der gute Hirte"

1 Alle Motivteile aus den entsprechenden Wachsplatten ausschneiden. Zuerst die hellgrüne „Weidefläche" platzieren. Den Schäfermantel, Kopf, Hände und Füße wie abgebildet anbringen. Danach fixieren Sie Bart, Haare und zuletzt den Hut.

2 Nach der Abbildung mit einem 7 cm langen Goldstreifen den Stab legen. Mit den grünen Flachstreifen legen Sie die Konturen der Arme. In einem Halbbogen 13,5 cm lange Rundstreifen im Regenbogenfarbverlauf anlegen. Augen und Bäckchen aufmalen. Zuletzt werden die Schäfchen aufgesetzt und gestaltet.

FÜR VERSCHIEDENE ANLÄSSE

Alle Kinder dieser Welt

miteinander Hand in Hand

MOTIVHÖHE
ca. 25 cm

MATERIAL
KINDER DER WELT
- Ovalkerze in Weiß, 20 cm hoch, 13,5 cm breit
- Verzierwachsplatten in Mittelblau, Hellblau, Grasgrün, Rot, Orange, Gelb, Hellbraun, Schwarz, Haut, Beige und Karamell
- Lackmalstifte in Rot und Schwarz

FISCH, KELCH, LICHT
- Kerze in Weiß, ø 6 cm, 25 cm hoch
- Verzierwachsplatten in Creme, Hellblau, Pink, Flieder, Türkis, Dunkelblau, Mattgold und Gelb
- runde Wachszierstreifen in Gold, 1 mm und 2 mm breit
- 3 Strasssteine in Rot und Pink, ø 3 mm

VORLAGE
Bogen 1B

Kinder der Welt

1 Den blauen Kreis für die Weltkugel fertigen und auf der Kerze positionieren. Darauf die grünen Motive anbringen.

2 Die einzelnen Motivteile für die Kinder ausschneiden. Zuerst positionieren Sie die Köpfe, dann die Kleidungsstücke, Gliedmaßen, Schuhe und Haare wie abgebildet aufsetzen. Zuletzt die Gesichter gestalten.

Hinweis: Das Motiv eignet sich auch für eine Taufkerze sehr gut.

Fisch, Kelch, Licht

1 Schneiden Sie drei Kreise in Creme und je einen Kreis in Türkis, Pink und Flieder aus. Die bunten Kreise auf den cremefarbenen Kreisen andrücken. Die Motive der Abbildung entsprechend positionieren. Kerze und Kelch fertigen und gemäß Foto fixieren.

2 Den Fischkörper in Türkis, die Flosse in Dunkelblau und die Schuppen in Gelb, Türkis und Dunkelblau fertigen. Den Fischkörper platzieren und die Flosse ansetzen. Die Schuppen wie abgebildet aufsetzen, mit Silberstreifen die Konturen legen und den Fischkörper einfassen.

3 Die bunten Kreise umranden Sie mit den schmalen Zierstreifen. Die fertigen Motive mit den breiten Zierstreifen einrahmen. Den Kelch mit den Strasssteinen verzieren.

Hinweis: Brot (Ähren) weist wie Trauben und Wein (Kelch) auf das Abendmahl hin. Die klassischen Zeichen zur Konfirmation und Kommunion. Der Fisch ist ein uraltes Christussymbol.

KOMMUNION UND KONFIRMATION

Klassische Kommunionskerzen
für Mädchen und Jungen

MOTIVHÖHE
ca. 40-50 cm

MATERIAL
KREUZ IN REGENBOGEN-FARBEN
* Stabkerze in Weiß, ø 5 cm, 40 cm hoch
* Verzierwachsplatten in Rot, Orange, Goldgelb, Grün, Blau, Flieder und Gold
* runde Wachszierstreifen in Gold, 2 mm breit
* Klebebuchstaben in Gold, 1 cm hoch

DREI FISCHE
* Stabkerze in Weiß, ø 5 cm, 40 cm hoch
* Verzierwachsplatten in Mintgrün, Hellblau, Türkis, Dunkelblau und Perlmutthellblau
* runde Wachszierstreifen in Silber, 2 mm breit
* Klebebuchstaben in Silber, 1 cm hoch

PAX MIT ÄHREN UND TRAUBEN
* Kerze in Weiß, ø 4 cm, 50 cm hoch
* Verzierwachsplatten in Hellblau, Lila und Dunkelblau
* 2 Wachsähren
* runde Wachszierstreifen in Gold, 1 mm und 4 mm breit

VORLAGE
Bogen 1B

Kreuz in Regenbogenfarben

1 Die Motivteile der Vorlage entsprechend aus den jeweiligen Wachsplatten zuschneiden und auf der Kerze aneinandersetzen. Den Kelch fertigen und gemäß Abbildung positionieren.

2 Fassen Sie das Motiv mit den Goldstreifen ein und bringen Sie nach Belieben den Schriftzug an.

Drei Fische

1 Die Hintergrundteile und Fische nach der Vorlage fertigen. Dann bringen Sie das mintfarbene Rechteck an. An den Schmalseiten die Perlmuttstreifen ansetzen. Die Fische auf der Kerze platzieren.

2 Mit Silberstreifen die Konturen legen und die Fische einfassen. Die Augen jeweils aus einem silberfarbenen Streifenrest zuschneiden und aufsetzen. Dann die Buchstaben aufkleben.

Pax mit Ähren und Trauben

1 Die hellblaue Hintergrundplatte fertigen und auf der Kerze fixieren. Mit dem breiten Zierstreifen das P legen. Die Ähren platzieren und die aus Zierstreifen zugeschnittenen Halme ansetzen.

2 Für die Trauben aus dem Wachs kleine Kügelchen formen und in Form einer plastischen Traube auf der Kerze anbringen. Zum Schluss legen Sie mit den schmalen Zierstreifen Ranken und kleben die Buchstaben auf.

Unser Tipp für Sie

Schnelle Hilfe Die einzelnen Wachsmotive können auch auf einem transparenten Stück Verzierwachs zusammengefügt und danach mit einer Nadel ausgeschnitten und auf der Kerze positioniert werden. Das Kreuz ist ohne Kelch für alle religiösen Anlässe anwendbar.

KOMMUNION

Für Hoffnung und Zuversicht
stehen diese Symbole

MOTIVHÖHE
ca. 20-25 cm

MATERIAL
LEUCHTTURM
* Kerze in Weiß, ø 8 cm, 25 cm hoch
* Verzierwachsplatten in Gold matt, Weiß, Gelb, Hellblau und Dunkelblau
* runde Wachszierstreifen in Gold, 2 mm breit
* Klebebuchstaben in Gold, 1 cm hoch

SONNE, MOND UND STERNE
* Kerze in Weiß, ø 8 cm, 20 cm hoch
* Verzierwachsplatten in Hellgelb, Gelb, Hellblau, Mittelblau und Silber
* runde Wachszierstreifen in Silber, 1 mm und 2 mm breit
* Klebebuchstaben in Silber, 1 cm hoch

ANKER
* Kerze in Weiß, ø 8 cm, 20 cm hoch
* Verzierwachsplatten in Hellblau, Dunkelblau und Goldgelb
* runde Wachszierstreifen in Silber, 1 mm breit

VORLAGE
Bogen 1B

Leuchtturm

1 Die Motivteile des Turmes aus den verschiedenen Wachsplatten ausschneiden und auf der Kerze zusammenfügen. Mit Zierstreifen die Stoßkanten kaschieren und die Außenkanten einfassen. Setzen Sie Türe und Fenster auf und rahmen Sie sie mit Goldstreifen ein.

2 13 Steine in Hellblau fertigen und um den Turmsockel anordnen. Zum Schluss die Sonne platzieren.

Sonne, Mond und Sterne

1 Die Teile für das Hintergrundmotiv aus den entsprechenden Wachsplatten ausschneiden und auf der Kerze aneinandersetzen. Fertigen Sie Sonne, Mond und Fische an und setzen Sie diese auf.

2 Mit den breiten Silberstreifen das Oval einrahmen und die Ansatzlinien kaschieren. Mit den schmalen Silberstreifen die Sterne und eine Spirale formen sowie den Sonnenkreis umranden und die Strahlen legen.

Anker

1 Den Anker und die Fische ausschneiden und auf der Kerze anbringen. Mit Silberstreifen betonen Sie die Konturen und fassen die Fische ein. Mit einem Streifenrest die Augen fertigen.

2 Für das Tau zwei 3 mm breite Wachsstreifen durch Rollen mit der Handfläche auf einer glatten Unterlage zu einer dünnen Schnur formen. Beide Schnüre miteinander verdrehen und wie auf dem Bild platzieren, dazu den oberen Teil des Ankers anheben.

Hinweise: Dieses Motiv eignet sich auch wunderbar für eine Hochzeitskerze.

Alle drei Motive sind für sämtliche religiöse und weltliche Anlässe geeignet.

FÜR VERSCHIEDENE ANLÄSSE

Wunderschöne Sinnbilder
für einen besonderen Festtag

MOTIVHÖHE
ca. 24–28 cm

MATERIAL
SONNENBLUME
- Kerze in Weiß,
  ø 6 cm, 25 cm hoch
- Verzierwachsplatten in Goldgelb, Grün, Braun und Hellbraun

KIRCHE
- Ovalkerze in Weiß,
  ø 6,5 cm, 24 cm hoch
- Verzierwachsplatten in Hellblau, Weiß, Goldgelb und Dunkelblau
- runde Wachszierstreifen in Silber, 2 mm breit
- Motivlocher: Füße,
  1 cm lang

SCHIFF
- Kerze in Creme,
  ø 6 cm, 28 cm hoch
- Verzierwachsplatten in Weiß und Türkis
- runde Wachszierstreifen in Gold,
  1 mm und 2 mm breit

VORLAGE
Bogen 2A

Sonnenblume

1 Einen 16 cm langen und 3 mm breiten Streifen für den Stiel ausschneiden und wie abgebildet platzieren. Die übrigen Motivteile anfertigen.

2 Für die Blüte zuerst den braunen Kreis fixieren und rundum gleichmäßig die 18 Blütenblätter ca. 3 mm überlappend anordnen. Die grünen Blätter am Stiel positionieren. Formen Sie kleine Kügelchen in Braun und Hellbraun und bedecken Sie die Blütenmitte damit.

Hinweis: Blumen sind Kinder der Sonne und des Lichts. Die Sonnenblume ist auch ein Sonnensymbol.

Kirche

1 Die Motivteile aus den verschiedenen Wachsplatten ausschneiden. Zuerst positionieren Sie das weiße Fassadenmotiv. Dann Dach, Türe und Fenster aufsetzen.

2 Mit den Silberstreifen das Fassadenmotiv konturieren sowie die Treppe und den Weg legen. Die Füße ausstanzen und platzieren.

Schiff

1 Die Motivteile schneiden Sie aus den verschiedenen Wachsplatten zu. Zuerst den Schiffsrumpf und dann die Segel auf der Kerze platzieren. Mit den Goldstreifen den Mast legen und die Segel einfassen.

2 Die Wolken anbringen. Die Wellen mit den breiten und die Tauben mit den schmalen Goldstreifen legen.

Hinweis: Im christlichen Sinn ist das Schiff Symbol für die Gemeinde in den Wogen der Weltgeschichte.

FÜR VERSCHIEDENE ANLÄSSE

Kerzen für den Ostertisch

Frühlingserwachen

MOTIVHÖHE
ca. 10,5-20 cm

MATERIAL
EIERKERZE IN HELLGELB

* Eierkerze in Hellgelb, 10,5 cm hoch
* Verzierwachsplatte in Flieder
* runde Wachszierstreifen in Flieder, 1 mm breit
* Motivlocher: Daisy, ø 1 cm

LAMM

* Kerze in Weiß, ø 8 cm, 20 cm hoch
* Verzierwachsplatten in Creme und Flieder
* Wachsfarbe in Vanillegelb
* runde Wachszierstreifen in Gold, 1 mm und 2 mm breit

EIERKERZE IN APRICOT

* Eierkerze in Apricot, 13 cm hoch
* Verzierwachsplatten in Hellgelb und Orange
* Motivlocher: Daisy, ø 1 cm
* Motivlocher: Blume, ø 3 cm

VORLAGE
Bogen 2A

Eierkerze in Hellgelb

Den Wachszierstreifen als Band um die Kerze legen. Darauf die ausgestanzten Blüten anordnen.

Lamm

1 Die Hintergrundplatte ausschneiden und im Halbbogen gelbe Streifen aufmalen. Das Lamm aufsetzen und teilweise wie abgebildet die Konturen mit Goldstreifen betonen.

2 Die Fahnenstange gemäß Foto legen und die Fahne ansetzen. Fassen Sie die Fahne mit Goldstreifen ein und setzen Sie das Kreuz auf.

3 Mit den schmalen Zierstreifen die Zeichen Alpha und Omega legen.

Eierkerze in Apricot

Für die Blüten die beiden verschiedenen ausgestanzten Motive nach dem Foto aufeinandersetzen und dann wie eine Bordüre rund um das Ei platzieren.

OSTERN

Das junge Glück

Kerzen für den schönsten Tag

MOTIVHÖHE
ca. 25 cm

MATERIAL
GRÜNES HERZ
- Kerze in Weiß,
  ø 8 cm, 25 cm hoch
- Verzierwachsplatten in Hellgrün und Weiß
- runde Wachszierstreifen in Silber, 1 mm breit
- Wachseheringe in Silber

WEISSE HERZEN
- Kerze in Weiß,
  ø 8 cm, 25 cm hoch
- Verzierwachsplatten in Hellgrün und Weiß
- runde Wachszierstreifen in Silber, 1 mm breit
- Wachseheringe in Silber

VORLAGE
Bogen 2A

Grünes Herz

1 Das Herz auf der Kerze positionieren und mit Zierstreifen umrahmen. Setzen Sie die Tauben und die Eheringe auf.

2 Mit den Zierstreifen mittig eine doppelte Schlaufe legen und so auf der Kerze fixieren, dass sie die Schnäbel der Tauben berührt. Die beiden Enden wie abgebildet als Aufhängevorrichtung für die Eheringe legen.

Weiße Herzen

1 Die grüne Hintergrundplatte fertigen und fixieren. Schneiden Sie die Herzen aus und platzieren Sie diese auf der Kerze. Zum Einfassen des Motivs den Zierstreifen von der Herzmitte ausgehend entlang der linken Kante bis zur Spitze führen. Dort eine Schlaufe legen und den Zierstreifen an der rechten Kante zurück zur Mitte führen. Hier legen Sie mit dem restlichen Streifen eine angedeutete Spirale.

2 Oberkante und Unterkante mit Zierstreifen akzentuieren. Ca. 4 cm unterhalb des Motivs einen 1 cm breiten hellgrünen Streifen befestigen. Die Eheringe aufsetzen.

> **Unser Tipp für Sie**
>
> **Verschiedene Farben** Die beiden Kerzen können Sie natürlich auch in Ihrer Lieblingsfarbe gestalten. Ein schönes Rot zur Hochzeit ist auch immer sehr edel.

HOCHZEIT

Edles zur Hochzeit
schön verziert

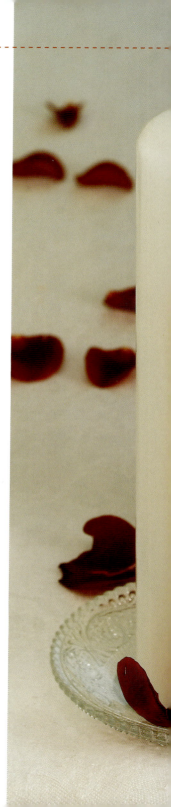

MOTIVHÖHE
ca. 18-25 cm

MATERIAL
HOCHZEITSKERZE
MIT ROTEN HERZEN
* Kerze in Weiß,
  ø 8 cm, 25 cm hoch
* Verzierwachsplatten in Creme und Weinrot
* runde Wachszierstreifen in Rot und Gold, 2 mm breit
* Wachseheringe in Gold
* Motivschere: Wellen

BLUME, HERZ UND RINGE
* spitzovale Formenkerze in Weiß, 12,5 cm x 7,7 cm, 18 cm hoch
* Verzierwachsplatten in Gold matt, Creme und Dunkelrot
* runde Wachszierstreifen in Gold, 2 mm breit
* Wachseheringe in Gold
* Strassstein in Transparent, ø 3 cm
* Klebebuchstaben, 1 cm hoch

VORLAGE
Bogen 2A

Hochzeitskerze mit roten Herzen

1 Ein Rechteck (13,5 cm x 5 cm) in Creme zuschneiden. Schneiden Sie mit einer Wellenschere auf der rechten Längsseite den Zierrand.

2 Die Herzen ausschneiden und platzieren und die Eheringe anbringen. Den Zierrand mit einem doppelten Goldstreifen betonen und die drei übrigen Außenkanten mit den roten Zierstreifen einfassen.

Blume, Herz und Ringe

1 Ein Rechteck aus der goldenen Wachsplatte ausschneiden und als Hintergrundplatte auf der Kerze fixieren.

2 Die drei Quadrate fertigen Sie in Creme und bringen Sie gemäß der Abbildung an.

3 Die Blume und das Herz in Rot fertigen und auf dem entsprechenden Quadrat positionieren. Die Eheringe auf dem mittleren Quadrat befestigen. Mit dem Goldstreifen legen Sie eine Spirale in der Blütenmitte und setzen den Strassstein auf. Zum Schluss die Schriftzüge aufkleben.

HOCHZEIT

Warme Goldtöne
für einen gemeinsamen Lebensweg

MOTIVHÖHE
ca. 20-24 cm

MATERIAL
GOLDHOCHZEITSKERZE MIT BLUMENBORDÜRE
- Ovalkerze in Weiß, 20 cm hoch, 13,5 cm breit
- Verzierwachsplatten in Gold matt und Gold glänzend
- runde Wachszierstreifen in Gold, 3 mm breit
- Motivlocher: Blume, ø 1,5 cm
- Wachszahl 50 in Gold
- Wachseheringe in Gold
- 10 Strasssteine in Transparent, ø 3 mm

FLAMMENKERZE MIT LEBENSBAUM
- Formenkerze Flamme, 30 cm hoch, 14 cm breit
- Verzierwachsplatten in Dunkelrot, Gold matt und Gold geprägt
- runde Wachszierstreifen in Gold, 2 mm breit
- Wachseheringe in Gold

VORLAGE
Bogen 2A

Goldhochzeitskerze mit Blumenbordüre

1 Die Motivgrundplatte fertigen Sie nach der Vorlage in Mattgold und fixieren sie auf der Kerze. Beidseitig mit Goldstreifen einfassen. Einen weiteren Goldstreifen im Wellenverlauf in der Mitte des Motivs parallel zu den äußeren Linien legen.

2 Zehn Blüten ausstanzen und auf den Streifen verteilt fixieren. Mit der Nadel 15 Blättchen ausschneiden und zwischen den Blüten an den Streifen ansetzen. Die Blütenmitte jeweils mit Strasssteinen verzieren. Die Zahl 50 und die Eheringe positionieren.

Flammenkerze mit Lebensbaum

1 Auf die angedeutete Mittellinie der Kerze einen Goldstreifen als Baumstamm legen. Das dunkelrote Grundmotiv ausschneiden und gemäß Abbildung an dem Streifen anlegen.

2 Mit weiteren Streifen vom Stamm ausgehend legen Sie wie abgebildet Äste und fassen die linke Motivkante ein.

3 Aus der geprägten Wachsplatte das Motiv fertigen und auf der rechten Seite der Kerze befestigen. Mithilfe einer Nadel zwölf Blätter ausschneiden und an den Ästen verteilt anbringen. Die Eheringe platzieren.

HOCHZEITSJUBILÄEN

Die Pracht der Blüten
für wundervolle Erinnerungen

MOTIVHÖHE
ca. 18-25 cm

MATERIAL
KERZE MIT VASE UND ROSEN
* spitzovale Formenkerze in Weiß, 12,5 x 7,5 cm, 18 cm hoch
* Verzierwachsplatten in Silber geprägt und Gold matt
* runde Wachszierstreifen in Gold, 1 mm und 2 mm breit
* Goldpuder
* Wachszahl 80 in Gold

LILA BLÜTE
* Kerze in Weiß, ø 8 cm, 25 cm hoch
* Verzierwachsplatten in Lila, Silber matt und Silber glänzend
* runde Wachszierstreifen in Silber, 2 mm breit
* Motivlocher: Herz, ø 1 cm

VORLAGE
Bogen 2B

Kerze mit Vase und Rosen

1 Die Vase aus der geprägten Wachsplatte fertigen, auf der Kerze positionieren und mit den schmalen Zierstreifen einfassen.

2 Zwei Rosen nach der allgemeinen Anleitung auf der hinteren Umschlagklappe drehen und aufsetzen. Die Stiele mit den goldenen Zierstreifen legen. Die Schriftzüge und Zahlen anbringen. Akzentuieren Sie mit Goldpuder die Oberfläche der Rosen.

Lila Blüte

1 Einen 6 cm breiten Wachsstreifen in Mattsilber fertigen, die Mitte für den Stielverlauf kennzeichnen und die Konturen der Blätter übertragen. Die Platte legen Sie wie eine Manschette am unteren Kerzenrand an, Oberkante und Unterkante mit einem Silberstreifen betonen.

2 Die lila Blüte ausschneiden und auf der Kerze positionieren. Mit Zierstreifen die Blüte einfassen sowie die Blattkonturen und den Blütenstiel legen. Das Motiv für die Blütenmitte in Silber fertigen und anbringen.

3 Einen 2 cm breiten Wachsstreifen fertigen und unterhalb des oberen Kerzenrandes anlegen. Stanzen Sie zehn Herzen aus und verteilen Sie sie rundherum auf dem Streifen, dann mit Silberstreifen einfassen.

Hinweis: Mit kleinen Abwandlungen sind diese Kerzen auch für andere Jubiläen anwendbar, z. B. für die Silberhochzeit oder Geburtstage.

JUBILÄEN

Zarte Schmetterlinge

für das Geburtstagskind

MOTIVHÖHE
ca. 24 cm

MATERIAL
SCHMETTERLING
UND BLUMEN
* Ovalkerze in Weiß, ø 6,5 cm, 24 cm hoch
* Verzierwachsplatten in Hellgelb, Violett, Flieder und Silber glänzend
* runde Wachszierstreifen in Silber, 1 mm breit
* Motivlocher: Blume, ø 1,5 cm und Schmetterling, ø 3 cm
* 4 Strasssteine in Pink und Transparent, ø 3 mm

KERZE MIT
SCHMETTERLINGEN
* Ovalkerze in Weiß, ø 6,5 cm, 24 cm hoch
* Verzierwachsplatten in Hellgelb, Violett, Flieder und Gold matt
* runde Wachszierstreifen in Gold, 1 mm breit
* Motivlocher: Schmetterling, ø 3 cm
* 2 Strasssteine in Pink, ø 3 mm

VORLAGE
Bogen 2B

Schmetterling und Blumen

1 Schneiden Sie das hellgelbe Rechteck aus und fixieren Sie es auf der Kerze. Die Blüten und den Schmetterling ausstanzen und wie abgebildet anbringen.

2 Aus den Rundstreifen Blumenstiele legen. Mithilfe einer Nadel die Blätter aus der silbernen Wachsplatte ausschneiden und gemäß Foto positionieren. Akzentuieren Sie mit Strasssteinen die Blütenmitten.

Kerze mit Schmetterlingen

1 Das hellgelbe Rechteck ausschneiden und auf der Kerze fixieren. Die Schmetterlinge ausstanzen und entsprechend der Abbildung positionieren.

2 Legen Sie mit Goldstreifen Spiralen und schmücken jeweils die Mitte mit einem Strassstein.

Unser Tipp für Sie

Variante Sie können die Motive auch direkt auf eine pastellfarbige Kerze aufsetzen und die Kerze mit einem Schriftzug verzieren.

GEBURTSTAG

Von ganzem Herzen

einen schönen Muttertag

MOTIVHÖHE
ca. 15-24 cm

MATERIAL
KERZE MIT HERZEN
* Ovalkerze in Weiß, 13,5 cm breit, 15 cm hoch
* Verzierwachsplatten in Pink, Perlmuttpink, Fuchsia und Himbeerrot
* runde Wachszierstreifen in Silber, 2 mm breit
* Klebebuchstaben in Silber, 1 cm hoch

EINGEWICKELTER BLUMENSTRAUSS
* Kerze in Weiß, ø 7 cm, 20 cm hoch
* Verzierwachsplatten in Hellgrün, Grasgrün, Goldgelb und Violett
* Motivlocher: Herz, ø 1 cm
* 3 Strasssteine, ø 3 mm

BLUMENSTRAUSS IN VASE
* Ovalkerze in Weiß, ø 6,5 cm, 24 cm hoch
* Verzierwachsplatten in Fuchsia, Lila, Goldgelb und Grün
* runde Wachszierstreifen in Fuchsia, 1 mm breit
* 5 Strasssteine, ø 3 mm
* Motivlocher: Herz, ø 1 cm

VORLAGE
Bogen 2B

Kerze mit Herzen

Mit den Zierstreifen die Wäscheleine legen. Positionieren Sie die ausgeschnittenen Herzen nach der Vorlage ca. 5 mm unterhalb der Leine. Mit Zierstreifenresten die Wäscheklammern legen, dann die Buchstaben aufkleben.

Eingewickelter Blumenstrauß

1 Ein Rechteck (7 cm x 5 cm) aus der hellgrünen Wachsplatte fertigen. Die Platte schräg anlegen und am linken Ende fixieren. Auf der rechten Seite einen Kochlöffelstiel anlegen und die Wachsplatte diagonal nach links so einschlagen, dass eine Tüte entsteht. Zum Fixieren drücken Sie den Kochlöffelstiel gegen die Kerze und ziehen ihn vorsichtig heraus.

2 Für die Gräser schneiden Sie 2 mm bis 3 mm breite und ca. 12 cm lange Streifen aus der grünen Platte, bündeln sie unten, dann in die Tüte einführen und andrücken. Oben die Gräser fächerartig auseinanderziehen und andrücken. Für die Blüten je fünf Herzen ausstanzen und wie abgebildet etwas überlappend um den Mittelpunkt anordnen. Die Blütenmitte zum Abschluss mit je einem Strassstein verzieren.

Blumenstrauß in Vase

1 Die Vase ausschneiden, auf der Kerze platzieren und mit den Zierstreifen einfassen. Danach gestalten Sie die Blüten wie oben beschrieben.

2 Für die Blumenstiele ca. 2 mm breite Wachsstreifen zuschneiden. Stiele und Blätter wie abgebildet anlegen. Die Blütemitte mit je einem Strassstein verzieren.

MUTTERTAG

Beschwingt in den Tag

mit fröhlichen Noten

MOTIVHÖHE
ca. 20-25 cm

MATERIAL
NOTENSCHLÜSSEL UND NOTEN
- Kerze in Weiß, ø 6 cm, 25 cm hoch
- Verzierwachsplattenreste in Fuchsia, Gold, Gelb, Grün und Blau
- runde Wachszierstreifen in Gold, 1 mm und 2 mm breit
- Klebebuchstaben in Gold, 1 cm hoch

EFEURANKE
- Kerze in Weiß, ø 7 cm, 20 cm hoch
- Verzierwachsplatte in Dunkelgrün
- runde Wachszierstreifen in Gold, 2 mm breit
- feines Goldpuder

VORLAGE
Bogen 2B

Notenschlüssel und Noten

1 Mit einem breiten Goldstreifen den Notenschlüssel legen. Mit den schmalen Zierstreifen die Zeilen und die Notenhälse legen.

2 Formen Sie aus den verschiedenen Wachsresten Kügelchen und platzieren Sie diese wie abgebildet. Sie können die Schriftzüge nach Belieben anbringen.

Efeuranke

1 Positionieren Sie die goldenen Zierstreifen auf der Kerze. Zwei 2 mm breite grüne Streifen entsprechend der Länge der Zierstreifen zuschneiden und jeweils rechts an den Goldstreifen anlegen.

2 Die Blätter ausschneiden und die Blattadern mit einer Nadel einritzen. Blätter wie abgebildet auf der rechten Ranke platzieren. Mit einem weichen Pinsel vorsichtig etwas Goldpuder auf die Blätter auftragen, um die Blattadern zu betonen.

> **„Wie bin ich auf die Idee gekommen?"**
>
> Die immergrüne Pflanze Efeu ist Sinnbild des ewigen Lebens. Da der Efeu nicht bestehen kann, ohne sich anzuschmiegen, ist er auch Sinnbild für Freundschaft und ewige Treue. Dieses Kerzenmotiv bietet sich daher besonders für höhere Geburtstage und Ehejubiläen an.

FÜR VERSCHIEDENE ANLÄSSE

2001 wurde unser erstes gemeinsames Buch im frechverlag veröffentlicht. Seitdem haben wir einige erfolgreiche Bücher zu verschiedenen Themen gemacht. Die Faszination, schöne Dinge zu gestalten, und die handwerkliche Begabung, die wir gemeinsam haben, ergänzen sich mit unseren unterschiedlichen Stilrichtungen und Vorlieben. Das sind die idealen Voraussetzungen für unsere Mutter-Tochter-Teamarbeit.
Bei diesem Kerzenbuch konnte Natalie, die vorwiegend den stilistischen Teil des Buchprojektes übernommen hat, die Kenntnisse aus ihrer religionspädagogischen Ausbildung mit einbringen.

DANKE!

Die Autorinnen danken den Firmen efco (Rohrbach), Gütermann creativ – Knorr Prandell (Lichtenfels) und Rayher (Laupheim) für die freundliche Bereitstellung der Materialien.

TOPP – Unsere Servicegarantie

WIR SIND FÜR SIE DA! Bei Fragen zu unserem umfangreichen Programm oder Anregungen freuen wir uns über Ihren Anruf oder Ihre Post. Loben Sie uns, aber scheuen Sie sich auch nicht, Ihre Kritik mitzuteilen – sie hilft uns, ständig besser zu werden.

Bei Fragen zu einzelnen Materialien oder Techniken wenden Sie sich bitte an unseren Kreativservice, Frau Erika Noll.
mail@kreativ-service.info
Telefon 0 50 52 / 91 18 58

Das Produktmanagement erreichen Sie unter:
pm@frechverlag.de
oder:
frechverlag
Produktmanagement
Turbinenstraße 7
70499 Stuttgart
Telefon 07 11 / 8 30 86 68

LERNEN SIE UNS BESSER KENNEN! Fragen Sie Ihren Hobbyfach- oder Buchhändler nach unserem kostenlosen Kreativmagazin **Meine kreative Welt.** Darin entdecken Sie vierteljährlich die neuesten Kreativtrends und interessantesten Buchneuheiten.

Oder besuchen Sie uns im Internet! Unter **www.frechverlag.de** können Sie sich über unser umfangreiches Buchprogramm informieren, unsere Autoren kennenlernen sowie aktuelle Highlights und neue Kreativtechniken entdecken, kurz – die ganze Welt der Kreativität.

Kreativ immer up to date sind Sie mit unserem monatlichen **Newsletter** mit den aktuellsten News aus dem frechverlag, Gratis-Bastelanleitungen und attraktiven Gewinnspielen.

IMPRESSUM

FOTOS: frechverlag GmbH, 70499 Stuttgart; lichtpunkt, Michael Ruder, Stuttgart
PRODUKTMANAGEMENT UND LEKTORAT: Annika Bitten
GESTALTUNG: Atelier Schwab, Handewitt
DRUCK: frechdruck GmbH, 70499 Stuttgart   PRINTED IN GERMANY

Materialangaben und Arbeitshinweise in diesem Buch wurden von den Autorinnen und den Mitarbeitern des Verlags sorgfältig geprüft. Eine Garantie wird jedoch nicht übernommen. Autorinnen und Verlag können für eventuell auftretende Fehler oder Schäden nicht haftbar gemacht werden. Das Werk und die darin gezeigten Modelle sind urheberrechtlich geschützt. Die Vervielfältigung und Verbreitung ist, außer für private, nicht kommerzielle Zwecke, untersagt und wird zivil- und strafrechtlich verfolgt. Dies gilt insbesondere für eine Verbreitung des Werkes durch Fotokopien, Film, Funk und Fernsehen, elektronische Medien und Internet sowie für eine gewerbliche Nutzung der gezeigten Modelle. Bei Verwendung im Unterricht und in Kursen ist auf dieses Buch hinzuweisen.

Auflage: 5.   4.   3.   2.
Jahr: 2015 2014 2013 2012 2011   [Letzte Zahlen maßgebend]

© 2011 **frechverlag** GmbH, 70499 Stuttgart
ISBN 978-3-7724-3887-5 • Best.-Nr. 3887